BEI GRIN MACHT SICH IHR WISSEN BEZAHLT

- Wir veröffentlichen Ihre Hausarbeit, Bachelor- und Masterarbeit

- Ihr eigenes eBook und Buch - weltweit in allen wichtigen Shops

- Verdienen Sie an jedem Verkauf

Jetzt bei www.GRIN.com hochladen und kostenlos publizieren

Bibliografische Information der Deutschen Nationalbibliothek:

Die Deutsche Bibliothek verzeichnet diese Publikation in der Deutschen Nationalbibliografie; detaillierte bibliografische Daten sind im Internet über http://dnb.d-nb.de/ abrufbar.

Dieses Werk sowie alle darin enthaltenen einzelnen Beiträge und Abbildungen sind urheberrechtlich geschützt. Jede Verwertung, die nicht ausdrücklich vom Urheberrechtsschutz zugelassen ist, bedarf der vorherigen Zustimmung des Verlages. Das gilt insbesondere für Vervielfältigungen, Bearbeitungen, Übersetzungen, Mikroverfilmungen, Auswertungen durch Datenbanken und für die Einspeicherung und Verarbeitung in elektronische Systeme. Alle Rechte, auch die des auszugsweisen Nachdrucks, der fotomechanischen Wiedergabe (einschließlich Mikrokopie) sowie der Auswertung durch Datenbanken oder ähnliche Einrichtungen, vorbehalten.

Impressum:

Copyright © 2017 GRIN Verlag
Druck und Bindung: Books on Demand GmbH, Norderstedt Germany
ISBN: 9783668655942

Dieses Buch bei GRIN:

https://www.grin.com/document/414506

Monika Wobbe

Im Auftrag des Herrn. Leben und Werk des Evangelisten Markus

GRIN Verlag

GRIN - Your knowledge has value

Der GRIN Verlag publiziert seit 1998 wissenschaftliche Arbeiten von Studenten, Hochschullehrern und anderen Akademikern als eBook und gedrucktes Buch. Die Verlagswebsite www.grin.com ist die ideale Plattform zur Veröffentlichung von Hausarbeiten, Abschlussarbeiten, wissenschaftlichen Aufsätzen, Dissertationen und Fachbüchern.

Besuchen Sie uns im Internet:

http://www.grin.com/

http://www.facebook.com/grincom

http://www.twitter.com/grin_com

WBC Open Learning
Warnborough College (UK)

FACHBEREICH THEOLOGIE

MODUL NUMMER THE 160

Facharbeit

Einleitung Neues Testament

Im Auftrag des Herrn.

Leben und Werk des Evangelisten Markus

Monika Wobbe

Inhaltsangabe		Seite
1	Einleitung	3
2	Der Verfasser Markus	4
2.1	Die Quellenlage	4
2.2	Zur Frage der Autorschaft	4
2.2.1	Nicht biblische Quellen	4
2.2.2	Biblische Quellen	4
2.3	Biografie	5
2.4	Politische und soziale Verhältnisse erster christlicher Gemeinden	5
2.4.1	Brüdergemeinden nach Jesu Tod	5
2.4.2	Die zweite Generation	6
3	Markus Werk	6
3.1	Politische Situation	6
3.2	Entstehungszeit und -ort	6
3.3	Theologische Absichten	7
3.4	Stil, Charakter und schriftstellerische Eigenarten	8
4	Ausblick	9
	Literaturverzeichnis	10

Stimme eines Rufers in der Wüste: Bereitet den Weg des Herrn, gerade macht seine Pfade!
(Mk 1,3).

1 Einleitung

Die Forschungsergebnisse zum Verfasser und Werk des Markusevangeliums sind in sich uneins. Vielfach haftet dem Autor der Ruf eines einfachen Mannes mit schlechtem Griechisch an, der mit unelegantem Stil nur schlichte Menschen erreichte. Andere loben sein schriftstellerisches Können, umfassendes Wissen und seine Unerschrockenheit. Markus beschäftigt sich mit christologischen Problemen - er schreibt überwiegend über Jesus als Mensch. Das gefällt nicht jedem, denn Markus Jesusfigur ist nicht nur nett und freundlich. Er ist auch unbequem und hart.[1] Doch weist dieser Jesus letztendlich immer auf seinen und unseren Vater. Das Gottvertrauen des Markus ist ein Ansporn für seine Gemeinde. Er wird nicht müde sie zu mahnen und zu ermahnen. Seine Worte sind präzise und ohne Schnörkel.

Mit dieser Arbeit möchte ich den Autor des Markusevangeliums und sein Werk würdigen. Im ersten Abschnitt beschäftige ich mich mit den Quellen die er benutzte, seiner Biografie und dem politischen und sozialen Umfeld in dem er als Jugendlicher und Erwachsener lebte. Im zweiten Abschnitt geht es um sein Evangelium. Ein Schwerpunkt ist die Frage, wann und wo Markus es niederschrieb und welche theologischen Absichten er verfolgte. Kurz umrissen werden Stil, Charakter und schriftstellerische Eigenarten seines Werkes, da sie uns den Menschen Markus näher bringen. Zum Schluss thematisiere ich den heutigen Rang des Markusevangeliums als Quelle zur Lebensgeschichte und Theologie Jesu.

---

[1] vgl. Mk 9,42-50.

2 Der Verfasser Markus

2.1 Die Quellenlage

Heutige Fachleute sind sich weitgehend einig in der Frage, dass der Autor des Markusevangeliums schriftliche Quellen sammelte und benutzte. Dies leiten sie ab aufgrund seines Schreibstils einiger Artikel, zum Beispiel den Streitgesprächen, Sprüchen, bei Abschnitten der Passionsgeschichte oder Wundergeschichten. Über Art und Umfang dieser vormarkinischen Quellen wird aber weiterhin gestritten (vgl. Broer 2016: 99). Einige Autoren wie Markus Tiwald glauben nicht dass Markus die Quelle Q kannte. Als wichtige Quelle gilt der vom Umfang her umstrittene vormarkinische Passionsbericht (vgl. Tiwald 2016: 18-21).

2.2 Zur Frage der Autorschaft

Nach heutigem exegetischen Stand können wir zu Namen oder Herkunft des Verfassers keine genauen Angaben machen. Auch das genaue Geburts- und Sterbejahr ist unbekannt. Die uns vorliegenden biblischen und nicht biblischen Quellen widersprechen einander. Wir wissen jedoch, dass der Name Markus unter römischer Herrschaft oft verwendet wurde (vgl. Ebner 2015: 15). Einige Exegeten sehen Markus als konvertierten Juden, andere vermuten in ihm einen zum Christentum übergetretenen Heiden.

2.2.1 Nicht biblische Quellen

Die älteste Quelle für die Klärung der Frage der Autorschaft des Markusevangeliums ist die vom Kirchenvater und Bischof Papias. Dessen genaues Geburts- und Sterbedatum ist in der exegetischen Forschung umstritten. Er verfasst um 120 oder 130 nach Christus fünf Bücher mit dem Titel "Auslegung der Worte des Herrn".[2] Dort identifiziert er einen Mann namens Markus als Dolmetscher des Petrus und Autor des Markusevangeliums (Papias um 130, zitiert nach Broer 2016: 85). Weitere Zeugen für diese Verfasserschaft - die sich allerdings alle auf Papias berufen - sind Tertullian[3], Clemens von Alexandrien[4] und Hieronymus.[5] Alle vorgenannten Quellen werden von heutigen Exegeten angezweifelt (vgl. ebd.: 85).

2.2.2 Biblische Quellen

Im gesamten Markusevangelium nennt der Autor seinen Namen nicht. Die Bezeichnung "Evangelium nach Markus" wurde erst später hinzugefügt um es von den anderen Evangelien zu unterscheiden. In Apg 12,12 wird von einer Person mit Namen Johannes Markus berichtet. Im Haus seiner Mutter in Jerusalem versammeln sich die frühen Christen. Auch Petrus soll sie besucht haben nach seiner Befreiung aus dem Gefängnis (vgl. Apg EU 1980: 1228). Er scheint sich mit Markus gut verstanden zu haben, denn er

---

[2] "Herrenworte" genannt.
[3] 150-220 nach Christus, christlicher Schriftsteller.
[4] Um 150-210 nach Christus, griechischer Theologe. Seine Aussagen zu Markus sind umstritten.
[5] 347-420, Kirchenvater und Gelehrter.

nennt ihn später seinen "Sohn".[6] Weitere Hinweise zu Markus finden sich im Kolosserbrief - dort wird ein Markus erwähnt als Vetter Barnabas.[7] Schliesslich begegnen wir in Paulus Brief an Philemon einer Textstelle die belegt, dass eine Person namens Markus mit ihm im Gefängnis war.[8] Die meisten heutigen Exegeten lehnen jedoch die These, dass dieser Johannes Markus der Verfasser des Markusevangeliums sei, ab (vgl. Broer 2016: 90).

2.3 Biografie

Über die Kindheit und Jugend unseres unbekannten Evangelisten wissen wir wenig. Um 100 nach Christus vermutlich in Jerusalem geboren stirbt er nach Aussagen der koptischen Kirche um 67 nach Christus in Alexandria. Folgern lässt sich lediglich dass Markus eine gute Ausbildung erhält. Er lernt Griechisch und Aramäisch und kann lesen und schreiben. Das ist selten in dieser Zeit. Die Bibel berichtet Markus habe Christen im Haus seiner wahrscheinlich begüterten Mutter Maria kennengelernt. Auch Petrus sei - wie oben erwähnt - zu Besuch gekommen. Die Beziehung sei herzlich gewesen. Über Markus Vater ist nichts bekannt. Erwähnt wird ein Vetter mit Vornamen Barnabas, der für die Apostel Petrus und Paulus arbeitet. In Apg 4,36 wird Barnabas als Levit tituliert. Nach Manuel Seibel sind die Leviten die "Diener" ihres Volkes und auch Markus könne ein Levit gewesen sein. Er habe Paulus und den Onkel auf ihrer ersten Missionsreise um 44 nach Christus nach Antiochien und Kleinasien begleitet und sei um 50 nach Christus mit Barnabas nach Zypern gereist. Die erste Reise beendet er nicht - er trennt sich in Perge von ihnen. Seibel vermutet eine Überforderung (vgl. Seibel 2003). Um 60 nach Christus begegnen sich Paulus und Markus wieder. Jetzt bezeichnet Paulus ihn als "guten Helfer".[9] Auch zu Petrus hat Markus ab 61 nach Christus guten Kontakt, er hilft ihm als dieser seine Gefängnisstrafe erträgt. Über das spätere Leben des Markus fehlen sichere Angaben. Nach Meinung der altorientalischen Kirche Ägyptens soll er nach Petrus gewaltsamem Tod nach Ägypten gereist und dort die koptische Kirche gegründet haben. Er sei der erste Bischof von Alexandrien gewesen und dort als Märtyrer um 67 nach Christus gestorben. Diese These widerspricht der Meinung heutiger Exegeten, Markus habe um 70 nach Christus sein Evangelium aufgeschrieben.

2.4 Politische und soziale Verhältnisse erster christlicher Gemeinden

In einer Zeit in der das Christentum für den Alltag der meisten Menschen keine Rolle mehr spielt ist der Blick auf frühe christliche Gemeinden hilfreich. Ihre Liebe zu Jesus und die Gefahren ihres Glaubens werden heutige Bürger eher verstören. Doch aktuell werden ebenfalls Christen wegen ihres Glaubens ausgegrenzt, verfolgt oder getötet. Bis zu 100 Millionen Christen weltweit sind betroffen. Deshalb ist das Zeugnis früher Christen ein Ansporn für diejenigen von uns die nicht schweigen möchten.

2.4.1 Brüdergemeinden nach Jesu Tod

Die ersten Urgemeinden entwickeln sich kurz nach Jesu Tod und Auferstehung. Augenzeugen Jesu leben noch und bewahren sein Erbe. Zeitlich sind die ersten

---

[6] vgl. 1 Petr 5,13.
[7] vgl. Kol 3,10.
[8] vgl. Phlm 24.
[9] vgl. 2 Tim 4,11.

christlichen Gemeinden einzuordnen von 30/31 bis 60 nach Christus. Auch Markus erlebt laut Bibel - wie oben erwähnt - ihre Zusammenkünfte als Jugendlicher. Die ersten Brüdergemeinden leben unter den römischen Kaisern Tiberius (14-37), Caligula (37-41), Claudius (41-54) und Nero (54-68). Die "Nazoräer" genannten Christen treffen sich regelmäßig, essen zusammen und leben in Gütergemeinschaft. Viele ihrer Mitglieder sind arm. Abhängig von den jeweils regierenden römischen Kaisern und Statthaltern erdulden sie Anfeindung und Ausgrenzung. Kaiser Claudius verbannt sie als "Sektenmitglieder" aus Rom[10] und sein Nachfolger Nero lässt sie verfolgen und töten. Das hat traumatische Folgen (vgl. Anhang EU: 1441-1443).

2.4.2 Die zweite Generation

Als Markus sein Evangelium schreibt ist die Situation ebenfalls bedrohlich. Aufruhr herrscht in Palästina. Im Jahr 66 nach Christus erheben sich Teile des jüdischen Volkes gegen ihre römischen Besatzer[11] und kämpfen vier Jahre für ihre Freiheit. Nero - unter dessen Regierungszeit sich die ersten Brüdergemeinden gebildet haben - regiert noch bis 68 nach Christus. Ein Jahr später kommt der als gemäßigt geltende Kaiser Vespasian an die Macht (siehe Kapitel 3.1). Dessen Sohn Titus zerstört mit seinen Truppen die Stadt Jerusalem so gezielt, dass bis heute nur Teile der Klagemauer erhalten sind. Die Juden sind besiegt. Die Sieger beobachten sie und die Christen jetzt sehr genau, da beide Religionen verweigern den Kaiser als Gott zu verehren. Jesu Tod liegt damals etwa 40 Jahre zurück.

3 Markus Werk

Martin Ebner nennt das Markusevangelium zu Recht einen äußerst kühnen Entwurf (vgl. Ebner 2015: 5). Als erstes Evangelium mit hohem Rang prägt es das Bild von Jesus in der Kirche. Markus Zielgruppe sind seine Gemeinde und andere interessierte Leser. Markus verkündet eine frohe Botschaft. Er freut sich, dass es Jesus gibt und dass Jesus Gottes Heilsplan umsetzte. Tiefe Dankbarkeit lesen wir Markus Texten heraus und eine Sehnsucht Gott zu begegnen.

3.1 Politische Situation

Das Evangelium entsteht unter der Herrschaft des ehrgeizigen Kaisers Vespasian, der aus einfachen Verhältnissen stammt und durch militärische Erfolge sozial aufsteigt. Vespasian selbst verfolgt keine Christen und so können sie ihre Gottesdienste abhalten (vgl. Ebner 2015: 6-7).

3.2 Entstehungszeit und -ort

Weitgehende Übereinstimmung gibt es aktuell in der Fachwelt über die Entstehungszeit des Markusevangeliums. Die meisten der heutigen Bibelforscher vermuten es sei um 70 nach Christus nach dem jüdisch-römischen Krieg entstanden. Begründet wird dies mit Mk 13, der endzeitlichen Mahnrede Jesu. Dort spricht Jesus über Kriegsdramen, deren

---

[10] vgl. Apg 18,1.
[11] Aufstand religiöser Eiferer (Zeloten) in Palästina.

Folgen und die Zerstörung des Tempels.[12] Fachleute sehen in diesen Reden einen deutlichen Hinweis auf den jüdisch-römischen Krieg und dessen Auswirkungen. Dagegen datiert Irenäus von Lyon, der von 135 bis 200 nach Christus lebt, Markus Werk auf den Zeitraum nach Petrus Tod. Seiner Meinung nach ist es 65 nach Christus aufgeschrieben worden (vgl. Irenäus um 180: Adv Haer III 1, übersetzt von Klebba 1912: 1).
Über den Entstehungsort sind sich Experten nicht einig. Ingo Broer vertritt die Meinung es sei in Syrien verfasst worden (vgl. Broer 2016: 96). Dagegen hält Martin Ebner mit seiner These des Entstehungsortes Rom (vgl. Ebner 2015: 14-15). Aus der Alten Kirche kennen wir eine Person die Ebners Ansicht teilt. Es ist der bereits oben erwähnte Clemens von Alexandrien. Seiner Aussage nach haben Zuhörer des Petrus in Rom Markus gebeten Petrus Predigten niederzuschreiben (vgl. Eusebius um 425: Hist. Ecclesiastica VI, 14,6, übersetzt von Häuser). Auch die von Ingo Broer beschriebenen Untersuchungen der Markustexte auf sogenannte "Latinismen" brachten den Fachleuten keinen Beweis auf Rom als Abfassungsort des Markusevangeliums (vgl. Broer 2016: 95-96).

3.3 Theologische Absichten

Markus schreibt sein Evangelium in einer für seine Gemeinde gefährlichen Zeit nieder. Jesus und die meisten Apostel waren gestorben. Viele Christen hatten bereits Verfolgungen durch römische Besatzer und materielle Not erduldet.[13] Einschüchterungen und Falschaussagen[14] - auch vom etablierten Judentum - erzeugen ein Klima der Angst und Verzweiflung. Viele ergeben sich in ihr Schicksal und versuchen den Besatzern zu gefallen. Thomas Söding spricht in diesem Zusammenhang von Resignation und Anpassungstendenzen bei Teilen christlicher Gemeinden (vgl. Söding 1996: 5). Andere finden ihr Heil in einer radikalen Weltflucht und warten nur noch auf das Weltgericht. Diesen Tendenzen will Markus entschieden entgegenwirken. Die zuerst noch kleine christliche Minderheit muss überleben, in ihren Drangsalen getröstet und ermutigt und der christliche Glaube in die Welt getragen werden. So hat es Jesus gewollt. Auch einer Legendenbildung um Jesus mit unwahren "Evangelien" möchte Markus vorbeugen. Und es gibt noch einen wichtigen Grund: Das Christentum wächst, ohne dass es noch lebende Zeitzeugen Jesu gibt. Jesu Leben und Botschaft soll auch kommenden Generationen - ja der ganzen Welt - überliefert werden. Nichts darf verloren gehen oder verfälscht werden. Markus begreift wie kein anderer Evangelist, dass das Leben des Menschen Jesu und seine Taten bereits Theologie sind. Als gehorsamer Diener und Sohn Gottes befolgt Jesus Gottes Befehle bis zum Tod am Kreuz. Der Evangelist benutzt sein hohes Ansehen in der Gemeinde um seinen Lesern Jesus als Lebensbegleiter und Beispiel vorzuschlagen. Dieser Meinung ist auch Martin Ebner wenn er schreibt Markus habe deshalb von Anfang an provoziert (vgl. Ebner 2015: 6). Markus unerschrockene Einleitung beginnt damit, dass Jesus Christus der Sohn Gottes sei.[15] Noch oft hebt er in seinem Werk die dienende Rolle des Jesus heraus. Unermüdlich sei er im Einsatz für die Rettung der Menschen und fordert sie als Prophet zu Umkehr und Buße auf. Bei Markus ist Jesus der Messias, der Rettung bringt. Im Menschsein Jesu können sich seine Leser mit Jesus vergleichen: Sind

---

[12] vgl. Mk 13,7-13.
[13] vgl. Mk 10,39.
[14] vgl. Mk 4,17; 6,11; 8,35.
[15] vgl. Mk 1,1-4.

auch sie bußfertig, demütig und unermüdlich im Einsatz für das Werk Gottes? Hier gilt es Farbe zu bekennen.

3.4 Stil, Charakter und schriftstellerische Eigenarten

Markus schreibt sein Evangelium in griechischer Umgangssprache. Sie als "einfach" zu beschreiben greift zu kurz. Er besitzt hohes Ansehen und Autorität in seiner Gemeinde, die aus Frauen, Männern, Juden und Griechen, Armen und Reichen besteht. Auch interessierte Römer versucht er als Leser zu gewinnen. Die literarische Form seiner frohen Botschaft ist neu und beinhaltet einen geschlossenen Bericht über Jesu Leben und Botschaft. Solche "Viten" genannte Lebensdarstellungen kennen Zeitgenossen Markus bereits von bekannten Schriftstellern der antiken Welt. Diese schreiben Viten über Kaiser, Feldherren und andere prominente Personen. Als guter Sammler sortiert Markus seine Quellen nach Zeit und Thema. Orte bezieht er auf Jesus und das, was Jesus dort sagt und bewirkt.

Vom Umfang her umfasst sein Werk 16 Kapitel. Der Höhepunkt ist Markus Passionsgeschichte. Die ersten 5 Abschnitte beinhalten die Figur Jesus als Diener. Er wird vom Volk nicht anerkannt und das hat Folgen: In Kapitel 6 bis Kapitel 10,45 ist Jesus der verkannte Diener und stirbt in Mk 15,20b-27 verspottet am Kreuz. Mk 16,1-8 berichtet von seiner Auferstehung. Mit ihr beendet Markus seine frohe Botschaft. Die Verse 9-20 werden nach Meinung der meisten Exegeten im 2. Jahrhundert hinzugefügt (vgl. Ebner 2015: 64,160-162, 167,169-171).

4 Ausblick

Lange Zeit wurde das Evangelium nach Markus als Quelle für Untersuchungen zur Lebensgeschichte und Theologie Jesu unterschätzt. Erst heute wird die hohe Qualität und Bedeutsamkeit dieses Werkes von der Fachwelt gewürdigt. Es gilt jetzt als erstes Werk erzählerischer Theologie, dessen Sammlung von Jesusüberlieferungen wertvolles Material liefert für historische Untersuchungen zum geschichtlichen Jesus und dem frühen Christentum. Besonderes Interesse gilt den Textstellen - es sind sieben Prozent - die nur im Markusevangelium zu finden sind. Die aktuelle Jesusforschung ist heute international geworden und benutzt unter anderem neue Methoden und Modelle der Soziologie. Mit ihrer Arbeit am Ende ist sie nicht.

Dem Verfasser des Markusevangeliums lag nichts an einer historischen Biografie der Person Jesu. Unsere heutige Neugier wäre ihm wahrscheinlich fragwürdig vorgekommen, als ein Zeichen mangelnden Glaubens. Vielleicht hätte er aber verstanden, dass eine Belegbarkeit des historischen Jesus mit seinem Jesus des Glaubens und der Liebe vereinbar ist. Sein Werk jedenfalls ist in die Geschichte eingegangen und gibt ihm dadurch Recht.

Literaturverzeichnis

Broer, Ingo (2016): *Einleitung in das Neue Testament*, 4. Auflage, Würzburg: Echter Verlag, S. 99, 85, 90, 96, 95-96.

Ebner, Martin (2015): *Das Markusevangelium. Neu übersetzt und kommentiert.* Stuttgart: Verlag Katholisches Bibelwerk, 4. Auflage, S. 15, 5, 6-7, 14-15, 6, 64, 160-162, 167,169-171.

EU der Heiligen Schrift (1980): *Die Bibel. Gesamtausgabe. Psalmen und Neues Testament. Ökumenischer Text.* Stuttgart: Katholische Bibelanstalt GmbH, S. 1229, 1228, 1361, 1316, 1337, 1316, 1333, 1235, 1441-1443, 1235, 1134, 1130, 1121, 1123, 1127, 1116.

Häuser, Philipp (1932): *Einleitung: Kirchengeschichte des Eusebius.* In: Eusebius, Ausgewählte Schriften Band II: Kirchengeschichte. Aus dem Griechischen übersetzt von Phil. Häuser. (Bibliothek der Kirchenväter, 2. Reihe, Band 1) München 1932.

Klebba, Ernst (1912): *Des heiligen Irenäus fünf Bücher gegen die Häresien.* Übersetzt von E. Klebba, in: Bibliothek der Kirchenväter, 1. Reihe, Band 3, München.

Seibel, Manuel (2003): Bibelpraxis.de. Das Markusevangelium - ein Überblick, [online] http://www.bibelpraxis.de/index.php?article.588 [21.02.2017].

Söding, Thomas (1996): Das Markusevangelium. Exegetische Informationen und homiletische Anregungen zum Lesejahr B. Münster. S. 5.

Tiwald, Markus (2016): *Die Logienquelle. Text, Kontext, Theologie.* Stuttgart: W .Kohlhammer Verlag, S. 18-21.

BEI GRIN MACHT SICH IHR WISSEN BEZAHLT

- Wir veröffentlichen Ihre Hausarbeit, Bachelor- und Masterarbeit

- Ihr eigenes eBook und Buch - weltweit in allen wichtigen Shops

- Verdienen Sie an jedem Verkauf

Jetzt bei www.GRIN.com hochladen und kostenlos publizieren